어멍의 천국

어멍의 천국

초판 1쇄 발행 2025년 1월 5일

지은이 강순덕
펴낸이 이시찬
펴낸곳 도서출판 문학의봄
출판등록 제2009-000010호

교정 김지원
디자인 정윤솔, 김희영
편집 정윤솔
검수 김나현, 이현
마케팅 김윤길, 정은혜

전화 010-3026-5639
홈페이지 cafe.daum.net/bombomsprin

ISBN 979-11-85135-40-3(03810)
값 12,000원

- 이 책의 판권은 지은이에게 있습니다.
- 이 책 내용의 전부 또는 일부를 재사용하려면 반드시 지은이의 서면 동의를 받아야 합니다.
- 잘못된 책은 구입하신 곳에서 바꾸어 드립니다.

어멍의 천국

윤슬 강순덕 제5시집

문학의봄

시인의 말

홀로 길을 걸을 때
내 앞에 다가와 서는 그대여.
갈 곳 모르는
내 발길을 인도하는 그대여.

언 땅 아래
고개를 드는 풀잎,
물결 위에
점점이 퍼지는 햇살,

긴 기다림의
숨을 토하는 나무,
어딘지 알 수 없는
적막을 헤매다 마주친 등불,

길을 잃은 내게 다가와
잠시 발길을 불러 세우고
내 슬픈 등을 어루만져 주는
그대를 가만 들여다보네.

2024년 12월 강순덕

※ 젊은 비바리 시절을 그리워하며 그림자처럼 사시다가 성산포 푸른 파도, 따뜻한 햇볕을 따라가신 어머니 영전에 바칩니다.

차례

시인의 말 ········· 5

제1부 성산포 소식

비대면 면회 ········· 12
눈물 봉투 ········· 13
성산포 소식 1 ········· 14
성산포 소식 2 ········· 15
앵두의 추억 ········· 17
간병 일기 ········· 18
자매의 시간 ········· 20
어떵헐꼬 ········· 22
꽃보다 울 어멍 ········· 24
우리 가家 ········· 25
세상의 꽃들 ········· 26
선이골에서 ········· 28
어멍의 천국 ········· 29
꽃잎 편지 ········· 31

제2부 담쟁이 생각

사러니 숲에 가면 ······ 34
나무는 혼자 서서 ······ 36
보문사 와송瓦松 ······ 38
보문사 노송老松 ······ 39
오월의 나무 아래에서 ······ 40
담쟁이 생각 ······ 42
우듬지 ······ 43
나무의 부활復活 ······ 45
낙엽의 서書 ······ 46
자작나무 숲에서 ······ 47
덕유산德裕山에서 ······ 48
용궁사 느티나무 ······ 50
가을 만찬 ······ 52
버들꽃 ······ 53
선이골 불두화 ······ 54

제3부 혼자서 둘이 되는 법

사랑의 유전遺傳 ······ 58
꿈꾸는 아이야 ······ 60
오월의 단풍잎 ······ 62

첫돌 스케치	63
아가의 노래	65
옹알이	66
혼자서 둘이 되는 법	67
우리들의 블루스	68
홀씨의 노래	69
정서진 노을길에서	71
예단포 노을 앞에서	73
파꽃	74
안개를 걸어가는 동안	75

제4부 저 산 너머

비가 지난 자리	78
낮달	80
저 산 너머	81
청춘	83
박태기	85
코스모스	86
어떤 기다림	87
소주 한 잔의 거리距離	89
코로나의 봄	90
봄꽃 편지	92

눈사람 세우기	93
주홍의 시柿	95
봄의 눈雪	96
운염도	98
덕적도 갱	99

제5부 연꽃의 향기는 사라지지 않는다

강 산 들	102
사월의 편지	104
오월 편지	107
연꽃의 향기는 사라지지 않는다	109
찔레꽃머리	111
광치기 영가靈歌	113
페미니스트가 뭐길래	116
강치 아리랑	118
촛대 바위*	121
이태원 애가哀歌	122
유월의 길	125
별꽃	127
가시 엉겅퀴	128
남천꽃 필 무렵	129
풍란의 애도	130

제1부
성산포 소식

둘레길을 걸을 때
어멍이 부려놓은 물허벅에는
햇살이 내려앉아
세월을 헤아리고 있었지요

태왁 망사리 가지런히 걸어놓은
허름한 담벼락 앞에서
거친 파도를 따라 용솟음치던
젊은 자맥질을 보았어요

— 詩 성산포 소식 2 中 —

비대면 면회

유리막 너머로 엄마의 숨결을 가늠했다

엄마는 휠체어에 묶여있는 포로
나는 엄마에게 다가갈 수 없는 접근 금지자
우리는
유리막 앞에서 부둥켜안지 못했다

엄마의 눈빛은 마네킹처럼 건조하고
마스크 안에서 굳어가는 엄마의 입술은
방아꽃 같은 웃음을 지웠다

가을 햇살 같은 목소리가
어딘가로 흩어져 돌아오지 않았다

유리막은 눈동자 가득 복받치는 서러움을 감금한 채
엄마의 그리움을 왜곡하고 내 변명을 틀어막았다

끝내 경계를 넘어서지 못한 손을 흔들며
우리는 고개를 돌리고
유리막 너머로 삽시간의 눈물이 흘러갔다

눈물 봉투

요양원 면회실 문이 열리자
허깨비 같은 두 손을 흔드는
어멍의 눈에
그렁그렁한 눈물

뜨거운 태양을 이고 지던 시절
검게 그을린 얼굴에
가득 피었던 주름 꽃은
벽에 갇혀 있는 세월을 버티며
숨을 지워버린 하얀 종이꽃처럼 가볍다

어멍은 습관처럼 빈 주머니를 더듬으며
줄 게 없어서 한숨을 쉬고
나는 돌아서 나오며
어멍의 눈물 꽃을 꺾어 봉투에 담는다

성산포 소식 1

어멍의 숨비소리처럼
성산포 바다에 바람이 불고
비릿한 꿈을 가슴에 품고 떠돌던 스물의 내가
일출봉 위로 흘러가는
하얀 구름 위에서 새파랗게 나부꼈다

밭담길의 끝까지 따라 나와
청춘의 내 등을 떠밀던 바람이
기꺼이 손을 흔들며
나를 전송하던 순비기 꽃잎이
여전히 보랏빛 웃음을 머금고 있었다

큰 어멍은 하얀 창호지처럼 떨린 목소리로
이제 가면 곧 오쿠다, 떠나더니,
오늘이면 오카, 내일이면 오카, 기다려도 오질 않아
성산포 바람에 소식을 물어도 속솜*,
어멍은 잘 이시냐고 눈물을 글썽거렸다

* 속솜: 잠잠(하다)

성산포 소식 2

어멍을 기다리다가
길 잃은 아이처럼 울음을 삼키며
성산포 바닷길을 걸었어요

올레길을 걸을 때
어멍이 부려놓은 물허벅에는
햇살이 내려앉아
세월을 헤아리고 있었지요

태왁 망사리 가지런히 걸어놓은
허름한 담벼락 앞에서
거친 파도를 따라 용솟음치던
젊은 자맥질을 보았어요

바지런한 어멍이
천 길 깊은 바다를 오르내리면
커다란 망사리에는
소라와 전복이 가득했을 티지요

성산포 바람이 다가와
안부를 물을 때

파도처럼 가쁜 숨을 쉬는
어멍 생각에 눈물이 터지고 말았어요

성산포 바다에는
진주홍 테왁이 꽃처럼 피고
어멍의 가슴에는
흩어진 꽃숨이 나비치고 있어요

앵두의 추억

어느 봄
앵두를 따서 달콤히 입에 넣던 엄마는
여름내 햇빛 아래 손등이 검게 타고
기미가 핀 얼굴에는 웃음도 피었었다

그 가을에
낙상으로 요양원에 가신 엄마
엄마가 곁에 없어도 다시 봄은 찾아와
흰 꽃이 다시 피었다 지고
앵두는 저 혼자서 빨갛게 여물고 있겠지

땡볕 내리쬐는 이 여름
엄마는 요양원 침대에 누워
이불 홑청처럼
바싹 마른 웃음을 혼자 피우고 있을까

엄마 손을 잡고 싶어
설핏 잠이 들면
환하게 웃으며 나를 안아주는 엄마

꿈에서만 다녀가는
엄마는 기억을 버리며 바래어 가고
나는 기억을 더듬어 추억에 젖는다

간병 일기

신경외과 병동 창밖으로
수풀 우거진 산에 물안개 피고
숲의 향기를 물어다 주는
새들의 노래가 평화로운 아침

아이는 병상에 누워
오랜만에 하늘이 맑게 개었다면서
흰 구름 낮게 걸린
조그만 하늘을 찍으며 웃는다

언제나 머리 위에 있던 저 하늘을
얼마나 올려다보았느냐고
병실 안으로 흘러 들어온 구름이
아이에게 물었을까

침상에서 일어나려
등을 세우고 허리를 펴고
몸부림치던 두 시간을 보낸 후에야
비로소 왼발을 떼어놓았다

아이가 누워있던 창가에서
하늘은 잠시 맑았다가
온종일 비가 내리고
바람이 창문을 흔들었던 날들

밤새 내린 빗물에 씻겨
나뭇잎처럼 맑은 눈망울이
살아가다가 힘들 때
문득문득 떠오를 것 같다

자매의 시간

아기처럼 눈을 비비며
두 딸을 바라보는
눈동자에서 웃음 대신 졸음이 쏟아지고
우리는 목청껏 안부를 물었지만
엄마는 대답 대신 하품을 했다

식당에 앉아서
너는 무말랭이를 오도독 씹으며
엄마의 밥상을 그리워했고
나는 감꼭지만 매달린
마른 감나무 아래에서 눈물을 참았다

무말랭이처럼 물기 없는
엄마의 얼굴에 웃음을 불어넣고
감꼭지처럼 모두 털어낸
엄마의 텅 빈 가슴에
우리의 이야기를 채우고 싶다

모래시계처럼 빠져나가는
엄마의 기억 속에서
너와 나는 바스락거리며 지워져 가고

자매의 시간 속에는
바람 한 점 흐르지 않았다

어떵헐꼬

찬 바람이 부는데
엄마는 다시 보따리를 쌌다
어떵헐꼬 어떵헐꼬…
갈 곳 모르는 마음이
넘어져서는 일어나지 않았다

엄마의 입에서 쏟아지는 한숨
어떵하지 않아도 되는데
그냥 내 손만 잡으면 되는데
엄마는 비틀거리며 일어나
성산포 해가 따라오는 집을 떠났다

엄마의 침대에 엎드려
엄마가 두고 간 이야기를 뒤적이면
내 가슴에 피어나는 어떵헐꼬
누구도 답해주지 않는 어떵헐꼬
엄마는 평생 그 물음 하나로 살았을까

엄마의 지팡이를 따라 걷던 길에
아른거리는 등 굽은 엄마의 그림자
어떵헐꼬 어떵헐꼬…

발아래 굴러온 작은 밤톨 하나
어떵헐꼬 엄마의 물음이다

꽃보다 울 어멍

산그림자 아래 피는
청보라 산수국처럼
적막한 시간 속에서
어멍은 두 손을 모은다

시흥리 성산 앞바다를 떠나와
바람 앞에 살아온 삶
사방거리 용산골 진구지
그 모든 산과 들과 강과 바다에
살아있는 어멍의 눈물

태양 아래 피는
진주홍 산나리처럼
애간장이 다 녹아야
어멍은 환하게 웃는다

할미꽃 홀씨처럼
희보송한 머리에 다시 피는
검푸른 잎새가 일렁거리며
어멍은 꽃잎 앞에서
작은 몸으로 버텨온 세월을 되짚는다

우리 가家

제주 바다에서 태어난 나가
파도에 실려서 왔는가
강원도 산골에서 태어난 네가
바람을 타고서 왔는가

우리가 소녀에서 숙녀로
엄마와 아내로
마주 보지 못한 세월

기쁨 가득 안고 오던 길에
눈물 흘리며 가던 길에
홀로였던 우리가
이제야 서로의 손을 잡는다

우리가 함께 걸어가는 길이
우리에게 주신 소명을
평안하게 받들어
서로의 밝은 빛이 되리

세상의 꽃들

엄마가 좋아하는 호박죽을 끓이려
호박 속을 파다가
씨앗 하나를 빈 화분에 심고 물을 주니
신기하게도 싹이 났습니다

엄마를 생각하며 물을 주고
창문을 열어 바람을 들이고
햇빛을 따라 화분의 자리를 옮기다 보니
줄기가 자라고 잎이 커지고
급기야 꽃망울을 맺고 있습니다

엄마랑 다니던 길에
꽃사과도 피고,
하얀 민들레도 피고,
할미꽃도 피었습니다

꽃들이 피면 더 그리운 엄마
오종종 모여
고개 숙인 꽃들이 울 엄마 얼굴 같고
흰머리 부숭숭 날리는 홀씨가
울 엄마 백발 같아서

한참을 서 있습니다

외롭고 그리운 시간
세상의 꽃들이
엄마의 빈자리를 채워줍니다
그 크신 사랑을 가슴에 채우려
온갖 꽃들이 피어나는 여름 들판을
쏘다니다가 잠이 듭니다

선이골에서

마당에 앉아 젖은 발을 말리며
발등에 내려앉은
연보랏빛 날갯짓을 내려다보다가
오랜 시간 잊었던 아버지를 불러본다

어딘가에서 들려오는 교신을 향해
저 산 너머 총을 들고 달려가
낮은 포복으로 돌아왔을
옥수숫대처럼
길고 깡마른 그림자가 곁에 앉는다

무거운 군장 뒤로
대대장의 성마른 고함이 날아오고
흔들리는 보폭을 바로 세우며
뜨거운 태양 아래
바람 없는 들판의 행군을 어떻게 걸었을까

돌 틈새에 자리한 제비꽃처럼
어느 산자락 아래에서
검은 눈동자에 그리움 하나 피우고
떠돌다 가신 아버지가 생각나
돌 위에 눈물 하나 내려놓는다

어멍의 천국

길을 나설 채비를 끝내고
세상 것 다 털어버린
어멍의 얼굴이
잔잔한 바다처럼 고요합니다

살아오면서
바람에 접힌 허리를 눕히고
파도에 깎여나간 무릎을 펼쳐
꽃잎 위에 누웠습니다

눈물과 한숨으로
거칠고 뜨거웠던 어멍의 팔십팔 년
주름진 얼굴을 어루만지며
하얀 베옷 속에 숨 쉬는
어멍의 심장에 귀를 기울입니다

가늘고 얇은
팔다리를 펼쳐놓고
부서질 것 같은 갈빗대 사이에 숨을 불어넣어도
기척도 없이
그저 푸른 하늘 향해 두 손을 모은 어멍

속솜해라 속솜해라*
어멍의 무릎이 열리고
제주바당을 헤엄치던
어멍의 숨비소리가
호오잇 천국의 문을 열었습니다

* 속솜하다: 잠잠하다

꽃잎 편지

천국 길 가는 어멍 손에 쥔 씨앗 하나
한숨도 노여움도 슬픔도 내려놓고
뜨거운 어멍의 가슴 안겨드릴 꽃다발

성산포 바람 따라 유채꽃 피어나고
돌담 밭 굽이굽이 퍼져갈 순비기꽃
오로지 어멍의 꽃밭 향기로운 꽃동산

한 생애 살았어도 못 피운 어멍의 꽃
마지막 피운 꽃잎 영원히 지지 않고
해마다 어멍의 편지 꽃잎으로 펼치리

제2부
담쟁이 생각

오월의 숲길에서는 다시 길을 찾으리

단단한 나무에 기대앉으면

하잘것없는

세상살이에서 벗어나도 좋다는

수도자의 기도에 두 손을 모을 테니까

— 詩 오월의 나무 아래에서 中 —

사려니 숲에 가면

사려니 숲에 가면
오롯이 아래로 뿌리를 내리며
지나온 세월
침묵의 기도를 들어라

삼나무 사이로 스며드는
한 줄기 빛만으로도
숨을 키우고
숲을 이룰 수 있다는 걸 배운다

사려니 숲에 가면
삼나무에 일렁이는 바람결에
가슴을 열어
한 주먹 울음을 토해내라

살아온 날들을 돌아보며
두 어깨를 토닥이며 많이 애썼다고
살아갈 날들을 생각하며
등에 진 짐을 덜어내도 좋으리

사려니 숲에 가면
하늘을 뒤덮은
나무들의 푸른 잎들을
오래오래 올려다보라

긴 세월
다가오는 고난에 주저앉지 않고
더 푸른 내일을 향해
사람들을 살게 한 힘이 서렸다

나무는 혼자 서서

겨울이 오는 산비탈에
나무는 혼자 서서
아슴푸레 다가오는 시간을 더듬고
나뭇가지에 걸린 반달은
아침이 오도록 떠나질 않는다

세상이 온통 바이러스에 갇히고
가도 오도 못 하는 절망으로 울부짖을 때
나무는 혼자 서서
해그림자를 따라 잎을 피우고
숨결을 가로막아 말없이 잎을 지웠다

나무는 혼자 서서
긴 그림자를 벗 삼아 어깨동무하고
발밑에서 올라오는 마른 향기에
외로움을 감추어두고
흰 눈이 쏟아지는 밤을 기다린다

바람 부는 산비탈에
나무는 혼자 서서
발꿈치에 푸릇한 봄이 돋아나도록

빈 가지마다 눈물을 채워
날아간 새들의 노래를 부른다

찬 겨울의 끝
먼바다 깊은 골짜기에서 돌아오는
고단한 발걸음 앞에
나무는 혼자 서서
꽃잎들을 흩뿌리며 손을 흔든다

보문사 와송瓦松

보문사 이백 년 와송 앞에 서면
남루한 장삼長衫처럼
뒤틀린 나뭇결 사이로 들려오는 목탁 소리
바위 아래로 뿌리를 뻗으며
몸부림친
해탈의 시간을 듣는다

만추의 붉은 잎들이
떠도는 길 위에서
일주문을 앞에 두고 눈감았을 탁발승
대웅전 풍경 소리 바람 따라 흘러와도
일주문을 들어서지 못한 채
해 지는 서해를 바라보며 늙어갔으리

저잣거리를 헤매다 길을 잃고
삿갓 아래 빛나던 젊은 눈동자는
어느 여인을 가슴에 품었을까
백팔번뇌百八煩惱는 바위를 뚫고
오가는 발걸음에 합장하는
푸른 와송이 여기 살아있다

보문사 노송老松

낙가산 보문사에 가면
두 그루 노송老松이 마중 나와
가슴에 촛불 하나 밝히라 한다

연등을 하나 들고
사백일십구 계단을 오르는 길에
이마의 땀을 닦아주는 바람

마애불 앞에 엎드려
절을 올리는 등허리에 내려앉아
기도를 들어주는 햇살

산을 내려가는 길
노송의 긴 그림자가 따라와서
허리 굽혀 합장을 한다

오월의 나무 아래에서

오월의 숲길에서는 길을 잃어도 좋다
딸기꽃을 따라 걷다가
나비를 따라 춤을 추다가
개구리 뒷다리를 삼키는
초록 뱀의 눈을 들여다보는 나를 만나게 될 테니까

언제부터
그 자리에 서 있었을지 모를
신비한 나무 아래에서
두터운 수피樹皮에 귀를 기울이면
아무런 의혹도 두려움도 없이
그대로 정지하는 오월의 시간

올려다보는 내 마음에
작은 티끌이라도 있다면
나무는 허물을 벗고
나는 이 자리에 선 채로
뿌리를 내려야 하리

하늘을 뒤덮은 잎새들 사이로
바람이 일어나고

마치 몸을 꿈틀거리며 승천하는
한 마리의 용을 마주한 듯 숨이 멎는다

오월의 숲길에서는 다시 길을 찾으리
단단한 나무에 기대앉으면
하잘것없는
세상살이에서 벗어나도 좋다는
수도자의 기도에 두 손을 모을 테니까

담쟁이 생각

바람 속으로 손을 내밀어
햇살 아래 고개를 들어

한 줌 흙 없어도
담장을 타고 오르면
저 지붕 위에서 별을 만나지

바람에 숨을 뿌리며
허공에 뿌리를 뻗으며

한 평 땅 없어도
바위를 기어오르고
저 산허리를 넘어 달을 만나지

무릎으로 기어오른 자리에
거친 호흡으로 넘어온 그 벽에

조용히 뿌리를 내리면
모두가 절망하며 돌아서는
탄식의 밤을 지나 봄을 만나지

우듬지

긴 겨울밤
떠나지 못한 새들을 불러 잠재우고
새벽 달빛으로 기도하는
나무의 우듬지

홀로 서 있는 동안
흔들리면서도
쓰러지지 않는 것은
뿌리가 깊이 내리기 때문이다

세월이 흐를수록
더 푸르른 잎을 피우고
더 붉은 열매를 맺을 수 있는 것은
바람을 오롯이 품었기 때문이다

가지에 잎이 무성했던
여름날의 푸름아
품속에 열매가 늘어졌던
가을날의 향기야

마지막 잎 지고
꽃 진 후라야
나무의 겨울을 지나는 시간을 마주한
우리 가슴에도
푸르른 잎들이 울렁거린다

나무의 부활復活

평생 땅을 딛고 서서 살아온
나무들이 물구나무를 섰다

태풍 링링으로
뿌리가 뽑히는 아픔을 견디고
쓰러진 자리에서
거대한 예술품으로 탄생한 나무

한 올 한 올
간난신고의 뿌리가
바람과 햇살을 만끽하고
거꾸로 서서
하늘을 떠다니는 구름을 맛본다

언젠가 우리에게
그런 시련이 온다면
이 모습을 떠올려 보자

낙엽의 서書

늦가을
아파트 화단에 버려진 책들의 절규

이 꼴 되려고
숱한 밤을 지새웠는가
넋두리하는 소설가 p,
치욕을 견디느니 화형을 달라는
시인 q,
속수무책으로 울부짖는
베스트셀러 작가 k

누군가를 위무하던
고고한 자리에서 내려와
처음 맞닥뜨린
차가운 공기가 낯설 테지
쓸모없는 이유를 알아버린 초라함이
느닷없는 한파처럼 뼛속 깊이 스밀 테지

아직 할 일이 남았다고
누군가의 가슴을 환히 밝히고 싶은
그 막막한 심정을 헤아리며
바스락거리는 시간

바람에 실린 낙엽 하나 하늘로 오른다

자작나무 숲에서

자작나무 숲에 가면
속닥속닥 편지를 쓰며
자작자작 사랑을 나누던
잃어버린 추억이 걸어 나온다

사슴처럼
희고 목이 긴
순결한 나무들의
오래된 노래와
정겨운 이야기를 듣는다

나무 곁에 서서
한잔 술을 걸치고
붉은 울음 삼키는
단풍가를 들으며
나도 그만 무릎을 쉰다

덕유산德裕山에서

오래도록 주목했던 덕유산
눈꽃 핀 설경을 구상했던 덕유산,
향적봉은
쉽게 눈꽃을 보여주지 않았다

포근하고
구름 낀 하늘을 예보했건만
덕유산 곤돌라 탑승장에는
눈꽃보다 사람이 더 많이 피었다

주목나무와 구상나무를 따라
향적봉을 오르니
고요로 덮인 극락정토極樂淨土
소란한 마음을 밝히는 촛불

눈 녹은 물이 얼어 빙판이 된 산
미끄럼 반으로 주저앉고
걸음 반으로 넘어지며
길을 내려오다가 길을 잃었다

살아서 푸르던 빛 올올이 뿌리내려

죽어서 우뚝 서는 덕유산 주목이여
세상의 슬픔을 오로지 덕德으로
너그럽게 품어주던 산이여

자식의 어지러운 길을
바로잡는 어머니의 회초리처럼
추워야 피는 향적봉의 꽃을
어설픈 마음으로 어찌 보느냐 깨닫는다

용궁사 느티나무

더운 바람에 묻어온
상사화 꽃향기가 아롱거리는
용궁사 느티나무 아래
동자승 얼굴처럼 맑은
흰 버섯 둘이 나란히 앉아있다

하릴없는 발걸음은
요사채 앞마당을 걷다가
무심한 눈길은
발밑에 떨어진 돌배를 내려다보다가
어딘가에서 노래하는
매미의 울음을 따라가다가

긴 장대에 기대어 선
늙은 나무의 거대한 위용에
탄성이 흘러나오고
마음을 떠다니던
오랜 근심이 속절없이 흩어진다

휑하니 빈 몸으로 가지를 뻗어
푸르른 잎들로 그늘을 만들고

발아래 쉬어가는 미물들을 품은 채
나라의 흥망성쇠의 무상을
인간의 희로애락의 여정을
하룻밤의 꿈처럼 돌이켜 보고 있을까

대웅전에서 들려오는
큰스님의 불경 외는 소리를 따라
염천炎天을 건너온
잠자리 하나 미동도 하지 않고
날개를 쉬고 있다

가을 만찬

가을 참 곱다
키 작은 코스모스처럼
몽환의 핑크뮬리처럼

가을 참 좋다
비 그치고 얼굴을 드러내는
저 파란 하늘처럼

지친 마음을 위로하며
살며시 다가와 미소 짓는
그대 얼굴처럼

노란 은행잎 조명에
빨간 단풍잎 카펫 깔아놓은
잘 차려진 가을 잔칫상

그대 가슴에 붉게 물들며
가을을 기울입니다

버들꽃

호숫가에
바람 따라 어울더울 춤을 추다가
물결 위에서 손짓하는 윤슬에
그만 마음을 빼앗깁니다

울타리에
꼬리를 흔들며 뛰어놀던
복슬강아지처럼
버들꽃이 피었습니다

툇마루에
두 발 모으고 앉아
엄마를 기다리던 가슴에
발걸음 소리가 피어납니다

그 봄날에
노란 꽃물 삼키던 호수가
연둣빛 쌉싸름한 꽃잎 향기에
꿀꺽 눈물을 삼킵니다

선이골 불두화

바로 선 사람이라야 살아갈 수 있는
선이골에 불두화 한 송이 피었다
문명을 벗어난 산골짝
애오라지 홀몸으로
어디서 날아온 씨올로 피었을까

긴 세월 세상의 끝에서 살아온
선이*를 찾아서
산길을 오르고 내리다가
물길을 흐르고 흘러서
외딴집 앞마당을 찾아왔을까

바람에 흔들리고
낭떠러지를 내려다보며
뿌리를 내린 나날들
빛을 담고 물을 마시며
꽃을 피운 시간

구름을 벗어나는 하늘 아래
산 너머에서 날아든
호랑나비 한 마리

불두화 꽃잎 위에서
잠잠히 날개를 접는다

* 선이: 바로 선 사람(다사함 김명식)

제3부
혼자서 둘이 되는 법

슬퍼하는 마음을 위로하고
그 눈물에 입맞춤하라
기뻐하는 눈동자에 박수를 보내고
두 손을 모은 기도로
메아리가 되어 세상에 울려 퍼져라

- 詩 꿈꾸는 애야 中 -

사랑의 유전遺傳

시집간 딸이 엄마의 생일상을 차리며
고기를 우려 미역국을 끓이고
핏물을 빼서 갈비찜을 만드는
그 수많은 과정을 거쳐
한 끼의 밥상이 왔다는 걸 알아간다

엄마의 수고로 살았다고
따순 위로를 전하는 딸에게
깊은 맛이 우러나오는 시간을
나쁜 맛이 빠져나가는 시간을
기다리는 것이 사랑이라고 말한다

나의 어머니가 나를 안고
흘리던 눈물과 기도로
밝음과 어둠의 길을 살펴 걷게 하고
긴 세월을 사랑으로 건너온 건
어머니의 숨결이었다

내가 세상을 사랑하고
내가 누군가를 또 사랑하여
내가 엄마가 되어 딸을 품고

세상은 그렇게 쉬지 않고
끊임없이 사랑을 잉태하네

꿈꾸는 아이야

꿈꾸는 아이야
바다에 바람을 불어 넣어라
잔잔한 물결 위로
아기 돌고래가 날개를 펼쳐 솟구쳐 오르고
언덕을 넘어 들판을 지나 자유롭게 날아가거라

꿈꾸는 아이야
하늘에 무지개를 놓아라
손을 뻗어도 닿을 수 없는
커다란 무지개에 올라 미끄럼을 타고
구름 위를 나는 새가 되어 바다를 건너라

꿈꾸는 아이야
어두운 세상을 밝혀라
산 위에 걸린 달을 들어 더 높이 띄우고
발아래 피어난 작은 풀꽃으로
온 세상을 향기로 채워라

꿈꾸는 아이야
슬퍼하는 마음을 위로하고
그 눈물에 입맞춤하라

기뻐하는 눈동자에 박수를 보내고
두 손을 모은 기도로
메아리가 되어 세상에 울려 퍼져라

꿈꾸는 아이야
펜을 들어라 노래를 부르라 춤을 추어라
그 모든 것이 세상을 향한 날갯짓
맑고 푸르고 힘찬 마음으로
별빛처럼 빛이 나는 꿈을 가슴에 키워라

오월의 단풍잎

누가 천사의 눈을 보았는가
나는 오늘 천사의 눈을 보았네

사랑을 잊은 내게
두근거리는 심장을 선물하는
아가의 눈동자를 보았네

누가 천사의 손을 잡았는가
나는 오늘 천사의 손을 잡았네

꿈을 잃은 내게
새들의 속삭임을 들려주는
아가의 작은 손을 잡았네

내 무거운 발걸음에 휘파람을
내 적막한 눈동자에 별빛을

오월의 뜰에 나서면
청록빛 잎새를 가리키는
귀여운 다섯 손가락을 만나네

첫돌 스케치

세상을 향한
너의 첫울음이 울려 퍼지던
그 순간 온 우주가 멈춰
너의 탄생을 알리는 종소리를 들었지

피어나는 꽃들이 고개를 숙여
너를 맞을 때
꽃잎을 스치는 바람이 노래하고
꽃에 날아 앉는 벌 나비가 춤추었지

너를 처음 두 손에 받아
강보에 싸인 작은 몸을 가슴에 안을 때
너의 작은 심장에서 전해 오는
뜨거운 숨소리에 온 마음을 기울였어

처음 옹알이에 눈물이 번지고
처음 무릎으로 걸음을 하고
처음 두 발로 바닥을 딛고
너의 눈을 마주하며 하루하루를 보낸 가슴으로
처음 촛불을 밝히는 날

하늘 높은 곳에서
세상 가장 낮은 곳으로 내려온 천사처럼
너의 웃음이 나를 기쁘게 하고
너의 몸짓이 나를 춤추게 하리

아가의 노래

나는 여린 꽃이야
진달래 개나리 풀밭에 서면
봄의 향기를 품은 꽃잎

나는 작은 새야
버드나무 늘어진 물가에 서면
맑은 물결 위를
처음 날아가는 날갯짓

나는 민들레처럼
세상을 넓혀가는 홀씨야
나는 어둠을 밝히는 빛
나는 슬픔을 토닥이는 작은 손
나는 저문 하늘에 뜨는 별
나는 지친 발걸음을 따라가는 그림자

나는 푸른 들판을
함께 달리는 바람이야
나는
나는
눈보라 몰아치는 겨울 언덕에서도
언 가슴을 뜨겁게 하는 불꽃이야

옹알이

밤하늘 별빛처럼
수많은 이야기를 쏟아내는
동그란 입술

아무리 귀를 기울여도
풀 수 없는 언어 영역

세상과 아가를 이어주던
탯줄 위에 그린 음표로
부르는 노래

아무리 귀를 쫑긋해도
들을 수 없는 신의 목소리

혼자서 둘이 되는 법

혼자 남겨진 서러움으로
낙엽 길을 걷다가
찬 바람 속에서 만난 그대

서로를 물들이며
서로를 배웅하고 있는 모습
수고했다고 박수를 보내는
아름다운 손뼉

부끄러워서
발갛게 얼굴 붉히며
고마워서
노랗게 미소 지으며
손을 내밀어
악수하는 그대

늙어가는 얼굴이 아름다운 오늘
내려놓은 마음이 평화로운 하루
어디쯤에서
손을 놓았던 우리는
서로의 가슴에서 하나가 되었습니다

우리들의 블루스

홍예문 지나 자유공원에 오르면
발아래 월미도 바다가 다가오고
신포동 거리와 시장 골목이 펼쳐진다

여울마다 청춘의 꿈이
골목마다 중년의 한숨이
격정의 음표로 가슴을 휘젓는 곳

흰 민들레는 풀밭에서
연둣빛 은행잎은 하늘에서
분홍 겹벚꽃은 너와 나 눈동자에서
서로의 추억을 불러낸다

가슴을 울렁이던 사연들이
저 꽃잎과 여린 잎들 사이로
손짓하고
눈가 촉촉해지는 동안
바람에 흩어지는 우리들의 노래

모든 것이 사라진 지금도
그 자리에서 청춘을 노래하며
그때의 시절로 나를 부른다

홀씨의 노래

빗방울 하나도 머물지 않는
봄 들판 푸서리에서 꿈꾼
일곱 빛깔 무지개

여름은 온통 불꽃,
뜨거운 태양을 향해
날마다 발돋움했지

푸르른 심지를 세우며
풍랑의 바다를 건너온 가을
꽃들이 넘실대는
무대 위 한복판에 서 있어

이제 마지막 노래를 부를 거야
부풀어 오르는 풍선처럼
저 파란 하늘 위로 뛰어올라
더 멀리 날아갈 거야

내 안의 모든 게 시들어
바람에 흩어져 가도
먼지처럼 사라지지 않아

언 땅 아래에서 깨어나
봄의 언덕을 물들이며 피어날 거야

정서진 노을길에서

온종일 하늘이 잿빛이다가
초저녁 산들바람이 창을 건들자
동무가 부르는 소리인 듯
들썩거리는 마음으로 나선 길

몇몇 날인가
가슴을 옥죄던 괴로움이
심곡천 물결을 따라
영종대교 아래로 흘러간다

바람에 흥얼대는
금계국 꽃잎처럼 물드는 하늘
쥐똥나무 향기에
날아 앉은 벌처럼 박히는 햇살

구름 한 점 없었던 날의
노을은 아름답지 않다
온종일 흐렸던 하늘이라도
기어이 피는 노을이 아름답다

적당히 구름이 떠다닌 날에
철 따라 꽃이 피었다가 지는 날에
함께 걸어온 길의 끝에서
서로를 물들이며
상심한 가슴에 피는 꽃이 더 아름답다

앞이 보이지 않는 어둠 속에
한 줄기 빛이 스며들고
주저앉은 자리를 털고 일어나면
새로운 길이 다시 열린다

예단포 노을 앞에서

내 더운 눈동자 앞에서
황홀하게 미소 지을 그대 생각에
오늘은 어쩐지
정서진에서 영종대교를 건너
그대에게 가고 싶었어요

뜨거운 하루의 끝자락에서
내 곁에 서는 그대 그리워
혹시라도
그대 올까 설레는 마음으로
그 길을 건너갔어요

마침내
주홍빛 너울을 밟으며
두 팔 벌려 내게 오는 그대여
뛰는 가슴을 누르며
그대 앞에 다시 섰어요

파꽃

한밤중에
거실 한쪽이 환하게 밝다

하얀 뿌리에서
푸릇하게 올라오는
파의 향기

꽃이 피길 기다리며
봉긋해진 볼을 비벼도
좀처럼
피어날 기미가 없더니만

부스스 졸음 겨운 눈에 들어온
동그랗게 핀 파꽃

모두가 잠든 오밤중에
둥실 떠오른 달처럼
활짝 웃는 파꽃 앞에서
나도 꽃처럼 파르라니 웃었다

안개를 걸어가는 동안

안개가 내린 갈대숲은 강물처럼 깊었다
.
.
길잃은 고양이가 낮은 포복으로 갸웃거렸다

젖은 숨을 뱉어내며 안개는 가을의 잔향을 훑고
이제 막 피어난 장미의 숨결을 빼앗았다

어제는 고양이의 꼬리처럼 살랑거리던 갈대가
오늘은 고개를 숙인 채 신음했다

안개를 걸어가는 동안
.
.
왕벚나무 잎사귀에 앉은 바람을 마셨다

안개는
멈칫 뒤돌아보는 고양이 등에 기어올라
골목을 뒤덮고
비스듬히 산등성이를 내려오는 햇빛을 삼켰다

제4부
저 산 너머

저 산 너머
작고 서툰 손짓들을 끝없이 흔들어
이 차갑고 희묘한 땅 위에
한 걸음을
내디뎌서 찬란히 터지는 봄

- 詩 저 산 너머 中 -

비가 지난 자리

폭우가 휩쓸고 간 마을
키우던 고양이는 돌아오지 않고
낮은 담벼락에 기대어
핀 노란 괭이밥꽃

집 안은 진흙투성이
낡은 세간살이들이 뒹굴고
깨진 항아리 옆에
핀 진보랏빛 엉겅퀴꽃

비는 쉬지 않고 쏟아졌지만
그 작은 씨앗들은
지지 않고 활짝 피어
세상을 환하게 밝히고 있다

들판을 걸으니
세상은 다시 온통 꽃밭
이름도 순박한
개망초 참나리 달맞이꽃

누가 심지 않아도 싹이 나고
누가 돌보지 않아도
제자리에서 피어나
아픈 마음을 위로하는 들꽃

어쩌면 우리는 모두 꽃
내 안에도 꽃씨가 있나니
거센 비가 지난 자리에
저 들꽃처럼 피어나리

낮달

아침 해가 내 그림자를 길게 늘여놓으면
나는 긴 다리 방아깨비가 되어
달콤한 꽃잎 사이를 뛰놀며 간다

꽃잎들이 나붓나붓 피는
여름 들판에서 잠시 길을 잃어도
내 마음은 꽃처럼 흔들리며 간다

꽃들 사이를 걷다가 꽃이 되고
꽃잎 속에 숨은 방아깨비가 되어
나도 실컷 노래를 부른다

내 가슴에 여린 꽃대를 세우고
푸른 하늘을 향해 날개를 펼치면
바람에 날아가는 노란 웃음

나의 노래가 들판에 퍼지고
꽃잎을 물고 앉은 방아깨비의 뒷다리에
아련하게 걸린 낮달

저 산 너머

저 산 너머
바람의 길과 눈보라의 시간을
홀로 걷고 걸어서
안개를 거두며 당도한 걸음

얼마나 뜨거운 눈빛으로
거친 산을 넘었을까
누구를 그리는 눈물방울로
고운 꽃잎을 터뜨리고 있을까

산길에서 억새를 만나면 손을 잡고
언 강 아래 흐르는 물에 얼굴을 씻고
나뭇가지를 흔드는 바람을 어루만지며
스스로 걸음이 되어 걸었으리

어둠 속으로 세상이 잠들 때
달빛에 흔들리는 걸음을 바로잡고
머나먼 꿈길에서 헤맬 때
샛별에 길을 물어 다시 걸었으리

저 산 너머
작고 서툰 손짓들을 끝없이 흔들어
이 차갑고 희붐한 땅 위에
한 걸음을
내디뎌서 찬란히 터지는 봄

청춘

새들도 집을 짓는데
거미도 집을 짓는데
집 없이 떠도는 세월

연꽃도 뿌리를 내리는데
나무도 뿌리를 내리는데
뿌리를 내리지 못하는 꿈

낙타도 길을 가는데
달팽이도 길을 가는데
길 없이 방황하는 청춘

집을 지을 수 없어
뿌리를 내릴 수 없어
길을 떠날 수 없어

바람에 집을 지으며
진흙 속에 뿌리를 내리며
모래에 길을 만들며

새처럼 바람을 날아가네
연꽃처럼 진흙 속에 피어나네
낙타처럼 사막을 걸어가네

박태기

홍자색 쓰개치마로
얼굴을 가리고
봄 마중 나온 꺽다리 아씨

바람에 실린
새들의 노래에 황홀하게 피는
진분홍 열꽃들

간지럼에 얼굴 붉히며
홀로
사랑을 피우다가

가슴에서 타오르는
붉은 꽃잎을 뒤적이며
부지깽이처럼 깡마른 봄 처녀

코스모스

찬 서리 내린 들판에
홀로 핀 코스모스 꽃잎

먼 곳에 있는 그대를 향해
하나씩 떠나보냅니다

엄마 얼굴 보러 못 가는 서러움
친구 곁에 못 가는 외로움

위로받고 싶은
가을 길에서 꽃잎은 말합니다

혼자가 아니라고
조금 더 기다리라고

그러니 우리
꽃처럼 활짝 힘내요

하늘로 쏘아 올린 꽃잎처럼
더 고운 웃음으로 돌아오는 거야

어떤 기다림

의식 불명인 여인의 곁에서
간병인은 때에 따라 용변을 살피고
간호사는 시간 맞춰 주사를 놓고
하릴없이 병상을 떠도는 가족들

환자분 눈 떠보세요
목소리 들리면 고개를 끄덕여 봐요
회진 온 의사가 나무토막처럼 굳은
환자의 가슴을 두드리며 묻는다

여보, 잠만 자면 나 이제 안 올 거야
엄마, 여기 우리 갔던 바다야, 기억나지?
남편과 딸이 여인에게
귀엣말하며
깡마른 팔다리를 쓰다듬는다

오늘따라 하늘은 푸르러서
여인의 욕망 없는 텅 빈 눈동자는
먼 옛길을 더듬으며
느릿하게 돌아오고 있겠다

바람이 창 안으로 들어와
여인의 야윈 두 볼에 숨결을 넣고
가슴에 모은 두 팔을 펼치면
남편과 딸을 부둥켜안겠다

소주 한 잔의 거리 距離

뿔소라와 병어를 썰어놓고
혼자 소주를 마신다

뿔소라의 나이테처럼
길고 적막한 겨울밤

너를 닮은 노래가
가슴에 병어 가시처럼 박혀 있다

외로울 때 만나서 마신 소주 한 잔
어깨에 기대 흘린 눈물 한 방울

말을 하지 않아도
소주 한 잔으로 충분했다

너와 나의 거리를 지우고
소주 한 잔이 놓인 자리

오래된 웃음소리가 떠돌고
하얀 바다가 밤새 철썩거렸다

코로나의 봄

봄이 왔다고 집을 짓는 까치
햇빛 잘 드는 나무를 찾아
나뭇가지를 물어 와 바닥을 메우고
파란 하늘 아래
바람을 막아줄 둥지를 틀어 알을 낳는다

인간의 세계에는 오지 않은 봄
까치 부부의 콧노래가 아침을 깨우고
노란 민들레가 마중 나오던 길
꽃은 피었건만
향기는 담장을 넘지 못했다

우리는 누구도 봄을 만나지 못했다
봄은 왔건만 그 봄 내내
바늘귀만 한 숨구멍을 찾아
백지장처럼 하얗게 질린
사람들의 아우성만 떠돌았다

바람이 넘어가는 언덕
빗방울이 흘러가는 계절을 지나면
봄이 다시 당도하는 날

까치는 또 부지런히 집을 짓고
껍데기를 깨는 어린 새의 날갯짓을 보리라

봄꽃 편지

밤새 봄비가 내리고
너를 위해 기도하는 발걸음으로
꽃이 피었다 지는
산길을 걸었다

겨우내
감감무소식인 너를 불러
여윈 등을 쓸어주면
무릎 위로 쏟아지는 눈물 꽃

봄 오는 길
닿을 길 없는 쓸쓸한 손으로
입을 틀어막은 채
수만 번 터져 나오는 울음을 삼켰을까

하릴없이 떠나는 길 위에
수많은 곡조로
피어나는 너의 노래를 들으며
나도 너처럼 울고 싶다

눈사람 세우기

빈 가지에 쌓인 눈꽃은
사월의 벚꽃처럼 흩날리고
늦게 핀 장미가
심장처럼 붉고 뜨겁다

누군가 앞서가는 발걸음 뒤로
바둑이 발자국이 뛰어가고
까치의 발자국도 따라갔는지
눈길은 재미있는 이야기로 뒤덮여 있고

산수유 나뭇가지에는
작은 새가 날아 앉아
붉은 열매들과
한바탕 수다를 떨고 있다

걸어도 걸어도
세상은 점점 흰 눈발 속인데
발밑에서 들려오는
희붐한 봄빛

놀란 발길을 멈춰
차가운 눈 위에 무릎을 꿇고
촉촉이 젖은 눈을 뭉쳐서
눈사람을 세웠다

주홍의 시(詩)

감꽃이 피었다가 지는 줄 모르고
감꽃 진 자리에 초록빛 감들이 영글도록
세상은 온통 감기에 걸렸고
우린 오랫동안 서로를 보지 못했다

가을이 이슥하도록 홀로 걷는 길에서
문득 올려다본 감나무에
갈빛 나뭇잎 사이로 얼굴을 내밀고
반짝거리는 영롱한 보석들

그 무섭던 태풍이 지나면서
쓰라린 이별이 있었을 텐데
허리가 꺾이고 팔이 부러지면서도
가슴에 품고 놓지 않은 주홍의 시

쓰고 떫은 시간을 비우고
달게 익어가는 투명한 감처럼
엎치락뒤치락 잠 못 드는 밤이 지나야
우리도 비로소 익어갈 테지

봄의 눈雪

차마 떨치지 못한 그리움이
소주잔에 쏟아지고
순백의 눈발이
까만 밤 너머로 나를 이끌고 간다

서설瑞雪을 맞으며
뒤늦은 갈망이 깨어나고
외로운 노래가 움트고
간절한 기도가 피어나길 기다린다

흰 눈발이 심장을 향하여 치솟고
눈동자 속으로 내리꽂을 때
나무는 상고대를 피우고
나는 눈길을 하염없이 걸었다

갈 곳 몰라 쓰러진 발자국의 눈물처럼
들판을 휘날리던 바람의 춤처럼
창공에서 흩어져버린 청춘의 꿈처럼
영원히 날지 못하는 새처럼

봄이 오는 길에 내리는 흰 눈발은
식어버린 오래된 사랑처럼
엉기어 몰려다녀도
더 이상 뭉쳐지지 않았다

운염도

운염도 갈라진 땅에 피는
뱃사람의 가시내 같은 함초

펄 속에 발을 묻고
사철 서걱거리며
소금 같은 사랑이 핀다

운염도 갈라진 땅에 흐르는
뱃사람의 아낙 같은 바다

산산조각 흩어지는 노을빛에
등줄기를 적시며
메마른 울음이 흐른다

덕적도 갱

덕적도 갯바위에서 자란 갱을 삶으면
서포리 푸른 바닷물이 밀려와
솔 향기 그윽한 섬으로 더려간다

푸른 꼬리를 흔들며 사라진
어두컴컴한 동굴 속으로
덕적도 바다가 어느새 들어차서
파랗게 출렁이며 손짓을 하고
헤엄을 치는 긴 하루

그 바다에 엎드려 실컷 파도 소리를 들었다

제5부
연꽃의 향기는 사라지지 않는다

우리는 향기를 뿌리지 못하는 꽃입니다
꽃잎에는 벌도 나비도 날아와 앉지 않습니다
우리는 날개를 접고 목놓아 울지 않습니다
여전히 소리 내지 못하는 울음입니다

- 詩 유혈의 길 中 -

강산 들

강이여 깊이 자맥질하라
개울녘에 잠든 지느러미를 부채처럼 펼쳐
악다문 아가미의 톱니바퀴를 돌려
성난 파도 펄떡이는 바다로 가자

산이여 홀로 우뚝 서라
곁가지를 잘라내고 마른 잎을 지우고
촘촘한 잎 사이로 퍼지는 햇살로
아름드리나무 뻗어 내리는 뿌리가 되자

들이여 힘껏 일어나라
땡볕 아래 울지 않는 흰 씀바귀처럼
바람 앞에 뽑히지 않는 흰 민들레처럼
서로의 가슴에 기대어 홀씨를 만들자

너른 바다에 다다른 강물이
고래의 등 위에서 분수로 퍼지고
높은 산에 우뚝 선 나무가
울울한 숲을 향해 메아리를 외치고
거친 들에 일어서는 풀꽃이
지워지지 않는 향기를 뿌린다

강은 개울목을 지나야 바다에 다다르고
산은 뜨거운 햇볕과 바람을 마셔야 푸르러지고
들은 비탈길에 올라서야 고갯마루를 넘는다

사월의 편지

꽃잎이 바람을 불러
안부를 전해 온 일곱 해의 봄
목련의 그림자를 벗 삼아
오늘도 하루가 저물어갑니다

다시 사월이 오도록
부칠 수 없었던 편지를 꺼내놓고
흰 꽃잎으로 눈물을 닦아
당신의 무릎 위에 펼쳐놓습니다

돌아오지 않는 목숨 앞에서
발을 동동 구르며 어디라도 달려가고
세상의 모든 신神 앞에서
무릎을 꿇어 눈물 흘린 당신의 세월

다시 사월이 와서
목련은 하얗게 피어나건만
그런데 왜, 어이하여
당신만은 울고 있어야 하나요

그날, 그 바다로, 뛰어내려
당신의 품에 안겼다면,
오늘처럼 절망의 그늘에서
몸부림치지 않아도 좋으련만

세상에서 가장 순한 눈빛으로
거부하지 못하는 입술로
바른길만을 걷길 기도했던
당신이 얼마나 많이 절망했는지 압니다

세상은 점점 메말라 가고
우리는 조금씩 잊혀갈 테지만
304개의 꽃송이를
당신만은 기억하겠지요

목련이 피고, 진 자리에
푸른 잎들이 돋치고, 그 잎들 다 지도록
당신의 그림자 길게 드리우면
못다 한 사랑의 편지를 쓰겠습니다

다시 사월이 오는 날
슬픔 가득 안은 발걸음 너머
꽃잎처럼 순결한
당신의 숨소리를 들으렵니다

오월 편지

청보리가 익어가는
밭두렁을 걷다가
누군가 세워둔 바람개비 앞에서
발걸음을 멈추었습니다

봄날 피었던 꽃잎이 지고
하얀 홀씨마저 떠나보내고
빈 꽃대만을 세우고 멍하니 선
민들레처럼 그리운 오월입니다

이마에 흐르는
땀방울을 닦아주는 바람이
그대가 보내온 위로인 듯
다정해서 눈물이 흘렀습니다

집으로 돌아와
책상 앞에 놓인 사진을 보며
그대의 눈빛이 따듯해서
그대의 미소를 따라 웃었습니다

이마에 새겨진 한일자 주름처럼
그대는 영원한 이등병
계급장 없는 사람
누구에게나 허리를 낮추는 사람

바다를 향해 흘러가는 강물처럼
사람이 가는 길을 포기하지 않고
쓰러져도 다시 일어나는 풀잎처럼
사람 사는 세상을 꿈꾸었던 사람

아 좋다 수줍게 웃는
허름한 웃음이 그리워서
눈물 한 방울 담긴 눈동자로
남쪽 하늘을 바라봅니다

아카시아꽃 피는 산
찔레꽃 지는 들
이팝꽃잎 흩날리는 거리
그대에게 부치는 하얀 노래입니다

연꽃의 향기는 사라지지 않는다

수줍게 봄을 맞이하던
열여섯 소녀여
봄의 풀잎처럼 여린 꿈은
어머니를 두고 만주로 갔네

봄도 오지 않는 그곳에서 기다리는 건
가슴을 할퀴는 승냥이들의 울음뿐
돌아갈 길 없는 첩첩산중
언 강을 떠도는 바람처럼 살았네

흰옷 입은 천사가 되어
어머니 곁으로 가는 꿈길마다
목단강을 건너고 압록강을 건너고
산을 넘고 들을 달려 울던 날들

까닭 없이 피는 꽃이 어디 있을까
짓밟힌 소녀의 가슴에
아픔을 견디고 끝끝내 살아나서
어머니 품속에 피운 눈물 꽃

진흙 속에서 피어나는 연꽃처럼
삶을 앗아 간 자리에
꿈들은 피어나서
희디흰 소녀가 되어 노래하네

사라지지 않는 소녀여
지지 않는 꽃이여
가슴 속 이야기로 피어나라
끝나지 않은 이야기로 노래하라

찔레꽃머리

그날이 오면
찔레꽃 피는 오월이 오면
아직도
아물지 않은 당신의 아픔을 기억합니다

몇 며칠 비가 내리고
꽃잎은 피어나고
검은 우산 위에 떨어지는
빗방울 소리처럼
또렷한 오월의 소리를 듣습니다

그리워서 길을 걸었습니다
함께 걷던 길을
이제는 혼자서 걷는 길
걷다가 보면 외로워져서
돌아가고 싶어지는 길

그래도 길을 나서야
당신을 만날 수 있기에
그 길의 끝에서
나를 기다려줄 당신임을 알기에

아직도 이 길을 걷습니다

나를 기다려
너무 슬퍼하지 말라는 듯
흰 꽃잎이 되어 웃는 당신이여
그날의 꽃향기 다시 흩날리는 오월
나는 또 혼자 돌아서 갑니다

광치기 영가靈歌

제주 올레 1코스를 걷다가
광치기 위령탑 앞을 지날 때면
핏물 짙은 바람이 발길을 붙들고
들려주는 그해 봄날의 이야기

곱닥한 사람들이 살아온
제주에 빛을 뿌리며
성산 일출봉은
광치기해변을 내려다보고 있었다

소들이 풀을 뜯고
아이들이 들판을 뛰놀고
어멍은 물허벅을 지고
물마중 나온 아방을 보며 웃고 있었다

해방된 조국에서
자유와 민주를 꿈꾸며
잠시 누렸던 평화는
총칼에 찔려 무참히 쓰러졌다

포승줄로 엮인 사람들이
시흥리에서 온평리 오조리까지
젖먹이를 업은 아낙에서 노인까지
터진목에서 광치기해변까지
피 흘리는 파도가 펄떡거렸다

무고한 목숨이 쓰러진 자리
무수한 일출의 빛이
수많은 날에 흩어져 내렸어도
그해 봄부터 지금까지
그날의 울음은 피바다를 맴돌며 잠들지 않았다

유채꽃 향기를 따라
봄이 오고 사월이 가고
비바람과 파도가 모살 밭을 씻어내도
빨간 동백 꽃잎이 찬 바람에 피고 져도
그날의 아픔을 날마다 떠올렸다

푸른 물결 위를 날아가는
하얀 새들의 날개 위에
눈물이 빗물처럼 흘러내리는

묘비명에 쓰인
순한 사람들의 목숨을 호명^{呼名}하리라

지난 세월에 피지 못하고
피바다에 잠든 영혼을 기억하리라
아무에게도 말하지 못하고
눈물로 얼룩진 아픔을 노래하리라

페미니스트가 뭐길래

하얀 모자 아래 숏컷을 한
도쿄 올림픽 여자 양궁 선수,
페미니스트란 의혹에 휩싸인
그녀의 화살이 쏜 젠더의 심장

그녀의 작은 몸을 휘감은 활의 무게도
활을 당긴 그녀의 심장을 잊지 않고
그녀의 여린 팔을 당기는 화살의 날카로움도
방향을 잃지 않고 제자리를 명중했다

얼어붙은 심장을 쪼개고
돌처럼 굳은 핏줄을 터뜨려
나는 구린내 진동하는 호흡을 멈추고
당신은 붉은 피를 쏟으며 쓰러졌다

화살을 품은 동그란 과녁은
페미니스트의 휴머니즘을 존중하고
나의 오른손과 당신의 왼손으로 완성한
하나의 붉은 심장을 사랑한다

나는 페미니스트가 아니라도
가장 낮은 곳으로 손길을 내밀고
당신은 페미니스트가 되어
가장 슬픈 것을 향하여 눈물 흘리리

내 어머니의 자궁처럼
따뜻한 양수로 작은 생명을 키우고
당신 어머니의 젖가슴처럼
뜨거운 젖줄로 온 세상을 품으리

그녀는 페미니스트를 알지 못해도
그녀가 쏜 화살은 길을 잃지 않기에
그녀의 활에서 무수하게 날아간 화살을 쏘아보는
그녀의 눈빛을 이길 수 없다

강치 아리랑

1.
보라, 저기 태평양을 건너오는 붉은 해가
푸른 물결 위에 몸을 푸는 새벽
검푸른 너울을 뛰노는 강치의 희망찬 나래

밀려오는 파도를 갈라 잠재우고
날렵한 활갯짓으로 햇덩이를 끌어 올려
백두에서 한라까지 깨어나는 아침

89개의 이웃 섬들이 둘러앉아
대한봉과 우산봉을 넘나드는 바람을 안으면
어린 강치가 가제바위에 누워
아윽 아윽 아아윽 노래를 부르는 평화의 섬

2.
오천 년의 아침을 깨우던 햇귀는
바닷속으로 침잠하여 떠오르지 않고
평화를 노래하던 강치가
어둠을 자맥질하는 통곡의 그날

악마의 입에 삼켜진 섬에
제국의 거친 군홧발이 당도하고
부모 형제의 찢긴 살과 뼈가
그 바다에 잠들고 말았다

검은 닌자들이 사납게 달려들어
아비와 어미를 무참히 짓밟고
죽도竹刀로 찔러 죽였는데
내 고향 독도獨島를 다케시마竹島라 부르지 마라

아비의 가슴에서 치솟던 피비린내가
어미의 눈에서 흘러내린 눈물방울이
내 몸속에 살아 흐르는데
나를 일본 강치라 부르지 마라

3.
갈맷빛 물결 위로 흰 수염을 날리며
동그란 눈이 반짝 떠오르더니
아비 강치가 숨을 토하며 나래를 펴고
어미 강치가 아윽 아윽 아아윽 노래한다

그리워도 갈 수 없는 바다여
꿈속을 더듬어 찾아가는 외로운 섬이여
내 몸에 흐르는 피의 물결이여
그 물결을 넘나들며 꿈틀거리는 혼백이여

수천 년의 아침을 이어온 빛 내림의 섬,
강치야, 우리 고향 독도로 가자
일본 강치로 살아야 했던 거짓을 벗어던지고
독도 강치의 노래를 부르자

사라지지 않으리 절멸되지 않으리
잃어버린 너의 이름 독도 강치를 되찾아
너의 내일에 우리 가슴에 살아라
강치야, 너는 살아라 독도에 살아라

촛대 바위[*]

저동항 앞바다를 환하게 밝히며
떠나는 뱃길을 따라 흐르는 어머니의 눈물

아들 가는 저 바다가 잔잔하라고
달 뜨고 별 흐르도록
철썩철썩 가슴을 때리는 파도에 마음을 띄운다

아들이 다시 돌아오는 시간까지 두 손을 모으고
무릎을 꿇은 어머니를 지켜보며
푸른 물결도 잠들지 못한 수많은 날

촛대 하나 세워 불을 밝힌 채
어머니의 깊은 한숨과 뜨거운 눈물이
차가운 돌 틈을 타고 내려가 기도로 섰다

* 촛대 바위: 울릉도 저동항에 있는 바위

이태원 애가哀歌
- 그날 돌아오지 못한 연인을 그리는, 부군夫君의 노래

우리는 겨우 스물셋 청춘,
오랜 시간 서로를 바라보며 지켜온
단 하나의 짝꿍이었습니다

이제 곧 다가올 결혼식을 생각하며
우리는 잠시 마음이 들떴고
깊어가는 가을의 끝자락에서
우리는 아름다운 음악에 취했고
서로에게
가슴속 꿈을 들려주며 잠시 행복했습니다

그날 그 길에서 우리는
서로 다른 길을 걸어왔지만
같은 길을 가리라는 믿음으로 손을 잡고
서로 다른 빛깔에서
서로에게 어울리는 빛깔로 물들면서
영원히 잡은 손을 놓지 않으려 했는데
그 모든 꿈이 무너졌습니다

이제 함께 걸을 수 없는 곳으로
그대는 떠나고 내가 남았습니다
차라리 내가 떠나고 그대가 남기를 바라는 마음으로
울면서 그대의 심장을 흔들었지만
서로의 눈동자를 바라볼 수 없는 곳으로
그대는 새처럼 날아갔습니다

붉은 장미의 향기가
아직 마르지도 않은 자리에
희디흰 국화꽃을 올려놓고
싸늘한 바람처럼 차가워진 그대를 안아보지만
우리는 이제 서로의 온기를 나눌 수가 없습니다

별빛이 되어 나를 지켜볼 그대에게
나는 그대의 영원한 부군夫君의 이름으로
다 못한 사랑을 보내며
나의 영원한 아내인
그대의 두 손을 마주 잡습니다

그리움으로 가득한 가슴인 채
나는 그대를 노래합니다
그 어디에도 없는 그대에게
아직 들려주지 못한 사랑의 노래를
나는 이곳에서 영원히 부르렵니다

유월의 길

허기진 강산에 밥꽃이 피었다가
꽃잎 진 자리에 초록이 짙어가거늘
우리는 길을 앞에 두고
여전히 길을 묻는 아이입니다

흙먼지를 뒤집어쓴 채로
뚜벅뚜벅 언덕을 넘고
목울대를 넘나드는 차가운 강물 앞에서
두려움으로 허우적거리지 않고
어깨를 펴고 당당히 걸어간 당신의 길을 봅니다

슬픈 사월의 기억을 토닥이면서
아픈 오월의 청춘을 노래하면서
슬픔은 슬픈 대로 기억하며
아픔은 아픈 채로 부둥켜안고
우리는 여기까지 기어이 왔습니다

피우지 않고 시들어가는 봄날의 꽃들 앞에서
하얀 민들레 분홍 진달래 피는 봄날을 꿈꾸었기에
당신의 눈물로 적신 들판에 풀잎이 돋치고
당신의 웃음으로 덮인 산하에 꽃이 피었습니다

우리는 향기를 뿌리지 못하는 꽃입니다
꽃잎에는 벌도 나비도 날아와 앉지 않습니다
우리는 날개를 접고 목놓아 울지 않습니다
여전히 소리 내지 못하는 울음입니다

유월이 오면
단단하게 뿌리 내린 소리쟁이가 되어
돌부리에 넘어지지 않는 바람에 손을 내밀고
반짝이는 햇살 앞에 얼굴을 들어
당신의 향기를 퍼뜨리겠습니다

태양은 더욱 뜨거워지고
비바람에 길은 보이지 않을지라도
다시는 슬프지 않겠다고
더 이상 아프지 않겠다고
적막한 봄날을 건너온 우리는 노래하렵니다

언 강 아래 산천어가 헤엄치고
봄빛이 반짝이는 물속에서 버들치가 뛰놀도록
우리는 당신이 넘은 언덕을 오릅니다
우리는 당신이 건넌 강물을 거스릅니다

별꽃

두꺼운 솜이불 아래
뿌리를 내리다가
한 움큼의 빛으로
한 자락의 바람으로
고개를 내미는 땅꼬마들

지친 발걸음 위에
웃음 뿌려놓는 하얀 제비꽃
지친 가슴에
새 희망을 불어넣는 노란 복수초
적막한 눈동자를 적셔주는
청보라 봄까치꽃

언 땅 위에 핀
그래 너는 봄이야
어두운 세상을 밝혀줄
그래 너는 희망이야
작은 손을 내밀어
눈물을 닦아주는 별꽃이야

가시 엉겅퀴

파란 하늘 아래
푸른 풀밭 위에

유월의 숨결 속에
빛이 나는 꽃잎

바람이 지나는 돌 틈새
씨앗을 두었다가
봄 햇살에 기운을 차리고

눈물 젖은 흙 속으로
뿌리 내리는 진주

가시밭길 헤쳐온 목숨
누라서 이리 빛나겠는가

유월 벌판에
피고 지는 쓰라린 넋

남천꽃 필 무렵

오월 신록에
이팝 조팝 만첩빈도리
오만가지 신부들에 둘러싸여
서러운 줄 몰랐던 봄

유월 땡볕 아래
어린 벌 나비들이
고단한 날개를 휘청거리며
밥 찾아 떠다닌다

수수 보리 좁쌀
여물지 않은 미완의 들녘
사락사락 꽃잎 위를 날아서
알알이 부푸는 천사의 꽃 소식

길잃은 여름 들판
고요한 가슴에 스며드는
씨앗 하나 물고
드높은 하늘을 향해 날개를 편다

풍란의 애도

세상은 폭우에 잠기고
풍란이 피었다

산사태에 쓸려 간 나무뿌리가
여린 가슴에 박히고
지하차도를 빠져나오지 못한
목숨줄이 흙탕물 속으로 흩어지고
산과 들과 강물에
슬픈 비명이 넘쳐나는 길고 긴 장마

들어도 들을 수 없는
통곡하는 절규 속에서 깨어나
길섶에 숨은 고양이처럼
어두움과 슬픔이 깃든 눈망울에
유리 벽에 날개 잃은 새처럼
괴로움과 절망에 떨리는 가슴에

흰 리본처럼 향기를 잃은 채
하얗게 떨고 있다